Brigitte Kirschning

Perlen-Mandalas

W0041796

AUGUSTUS

Inhalt

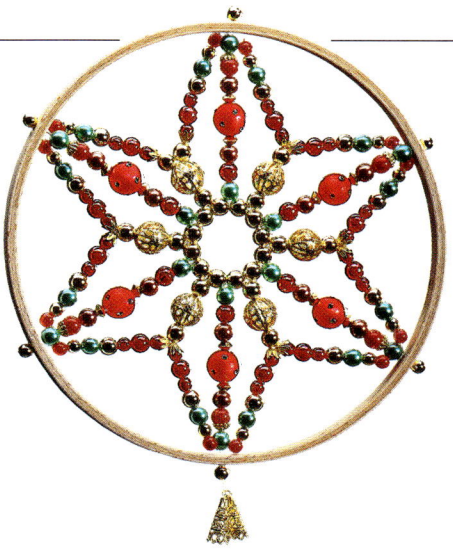

Mandalas aus Perlen

Mandala – »geometrisch, buddhistisches Symbol zum Meditieren«, so steht es im Lexikon. Aber die Faszination, die von Mandalas ausgeht, beschränkt sich nicht auf den fernen Osten. Auch in Europa bedienten sich schon die Bauherren der großen gotischen Kathedralen der meditativen Wirkung symmetrischer Ornamente.

Auch die Kunst, Perlen in Reifen zu spannen, hat eine lange Tradition. Und wie bei einem Mandala arbeitet man vom Zentrum aus zu den Rändern. So entstand die Idee, dekorative Perlen-Mandalas zu schaffen. Die Gestaltung dieser Schmuckstücke hilft Ihnen, Konzentration und innere Ruhe wieder zu finden.

Die Mandalas in diesem Buch entstehen nach einer einfachen Grundtechnik. Durch die Verwendung unterschiedlicher Perlen und Farben werden sie jedoch zu einzigartigen kleinen Kunstwerken. In Hobby- und Bastelgeschäften können Sie aus einem umfangreichen Sortiment wählen:

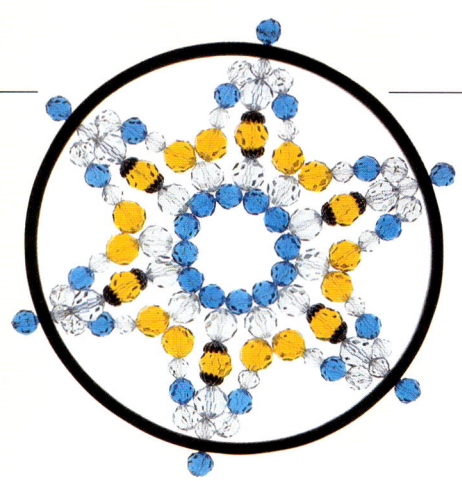

Material

Holzperlen
Wachsperlen
Transparentperlen
Kristallperlen
geschliffene Glasperlen
Hamaperlen
Perlkappen
Glöckchen und Schellen
Dederonfaden (ersatzweise Angelschnur oder dünner Dekofaden)
Holzreifen in unterschiedlicher Größe
Plastikreifen

Damit Sie während der Arbeit nicht unterbrechen müssen, sollten Sie einige Hilfsmittel bereithalten, die Sie für jedes Mandala benötigen:

Hilfsmittel

Perlnadeln
dünne Kordel zum Aufhängen
Flachzange
Filzunterlage
Nähgarn

Grundtechnik des Perlenspannens

Grundsätzlich unterscheidet man zwischen
- geraden Längsstegen – vom Perleninnenring zum Holzring und der Außenperle, die als »Wendeperle« dient und den
- Zwischenstegen (jeweils zwischen dem Längssteg liegend). Der Zwischensteg, der sich nach drei bis vier Perlen teilt, führt linksseitig und rechtsseitig jeweils zum Pol der Längsstege, das heißt zum Loch und der Wendeperle.

① Fädeln Sie etwa 4,5 m Dederonfaden in die Perlnadel, ziehen Sie zwölf Perlen für den Innenring auf und verknoten Sie den Faden. Lassen Sie dabei an einem Ende etwa 30 cm hängen, damit Sie das Mandala später aufhängen können.

② Nun werden die sechs geraden Stege gefädelt. Der Faden verläuft dafür zwischen zwei Perlen des Innenrings zum Loch des Holzreifs und wird außerhalb des Reifs durch eine sogenannte Außenringperle gefädelt. Dann wird er durch das gleiche Reifloch und den gesamten Perlensteg wieder bis zum Innenring zurückgeführt.

③ Stechen Sie zwei Perlen innerhalb des Innenrings weiter und fertigen Sie noch fünf weitere Stege in gleicher Technik. Ist auch der letzte Steg gespannt, stechen Sie innerhalb des Innenrings eine Perle weiter und ziehen den Faden in allen sechs Senkrechtstegen nochmals nach.

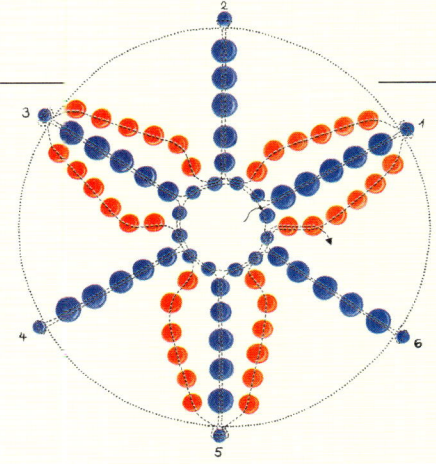

fädelt nun in umgekehrter Reihenfolge die gleichen Perlen der Spitze auf, sticht wieder durch zwei Perlen des Innenrings, das heißt wieder zwischen zwei der Senkrechtstege der zweiten Runde ein. Nun fertigen Sie in gleicher Weise die Sternspitzen um den vierten und sechsten Senkrechtsteg der zweiten Runde, so dass schließlich die drei Sternspitzen entstehen.

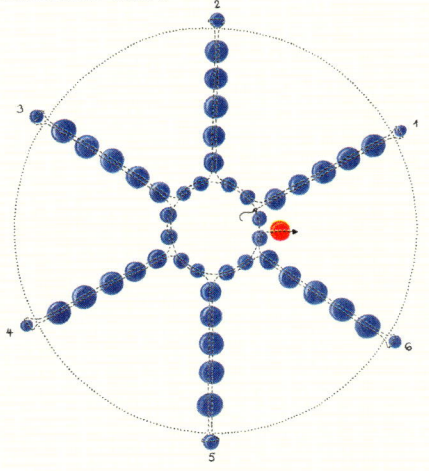

④ Nach dem Musterring fädelt man nun den »Zwischensteg« auf, außerdem die Perlen, mit denen die erste Spitze, das heißt die Perlenkette bis zum Ring, gebildet wird, sticht dann wieder durch das Ringloch, durch die Außenperle hindurch, durch das Ringloch zurück und

⑤ Nun fädeln Sie durch den Innenring zum nächsten Zwischensteg und innerhalb des jetzt schon gefädelten Zwischensteges nach oben. Wenden Sie den Ring, so dass Sie nun wieder von rechts nach links arbeiten. So werden mit den Perlenkettchen in üblicher Reihenfolge die drei noch fehlenden Sternspitzen gebildet. Da alle Zwischenstege bei dieser Runde schon vorhanden sind, werden diese stets noch durchgefädelt.

⑥ Fädeln Sie nun beide Fäden rechts und links eines Senkrechtsteges durch die Perlenspitze nach oben, führen beide Fäden durch das Ringloch, verknoten die Fäden sechsmal miteinander und zu einem Knoten für den Aufhänger.

Schneekristalle

*Die zarten Gebilde sind nicht nur im
Winter ein wunderschöner Fenster-
schmuck.*

Das wird gebraucht

Hellblauer Stern
Transparentperlen in Hellblau, 8 und
  6 mm Ø
Transparentperlen in Kristall, 10 mm Ø
geschliffene Kristallperlen, 10 mm Ø
1 Kristalltropfen
Perlkappen in Silber
3,5 m Dederonfaden, 0,25 mm Ø
Holzreif, 12 cm Ø

Grüner Stern
Transparentperlen in Kristall, 10, 8 und
  6 mm Ø
Transparentperlen in Grün, 10 mm Ø
Perlkappen in Gold
3,5 m Dederonfaden, 0,25 mm Ø
Holzreif, 12 cm Ø

Blaugelber Stern
Transparentperlen in Kristall, 10, 8 und
  6 mm Ø
Transparentperlen in Gelb, 10 mm Ø
Transparentperlen in Aquablau, 8 mm Ø
Perlkappen in Silber
3,5 m Dederonfaden, 0,25 mm Ø
Holzreif, 12 cm Ø

So wird's gemacht

Alle drei Sterne werden nach der Grundtechnik gearbeitet (Seite 4). Vergessen
Sie aber beim Auffädeln der Perlen die
Perlkappen nicht. Richten Sie sich bei
der Wahl der Perlengröße und -farbe
nach den Illustrationen und der Abbildung.

Innen- und Außenringe werden folgen-
dermaßen gestaltet:

Für den hellblauen Stern benötigen
Sie für den Innenring zwölf, für den
Außenring sechs große hellblaue Trans-

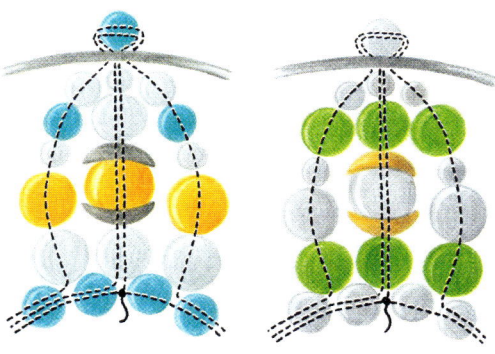

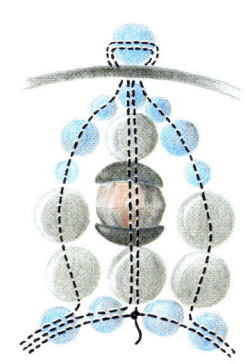

parentperlen. Zum Schluss wird noch der Kristalltropfen an der unteren Außenringperle befestigt.

Beim grünen Stern besteht der Innenring aus zwölf, der Außenring aus sechs 8 mm großen kristallfarbenen Transparentperlen.

Der blaugelbe Stern hat einen Innenring aus zwölf und einen Außenring aus sechs aquablauen Transparentperlen.

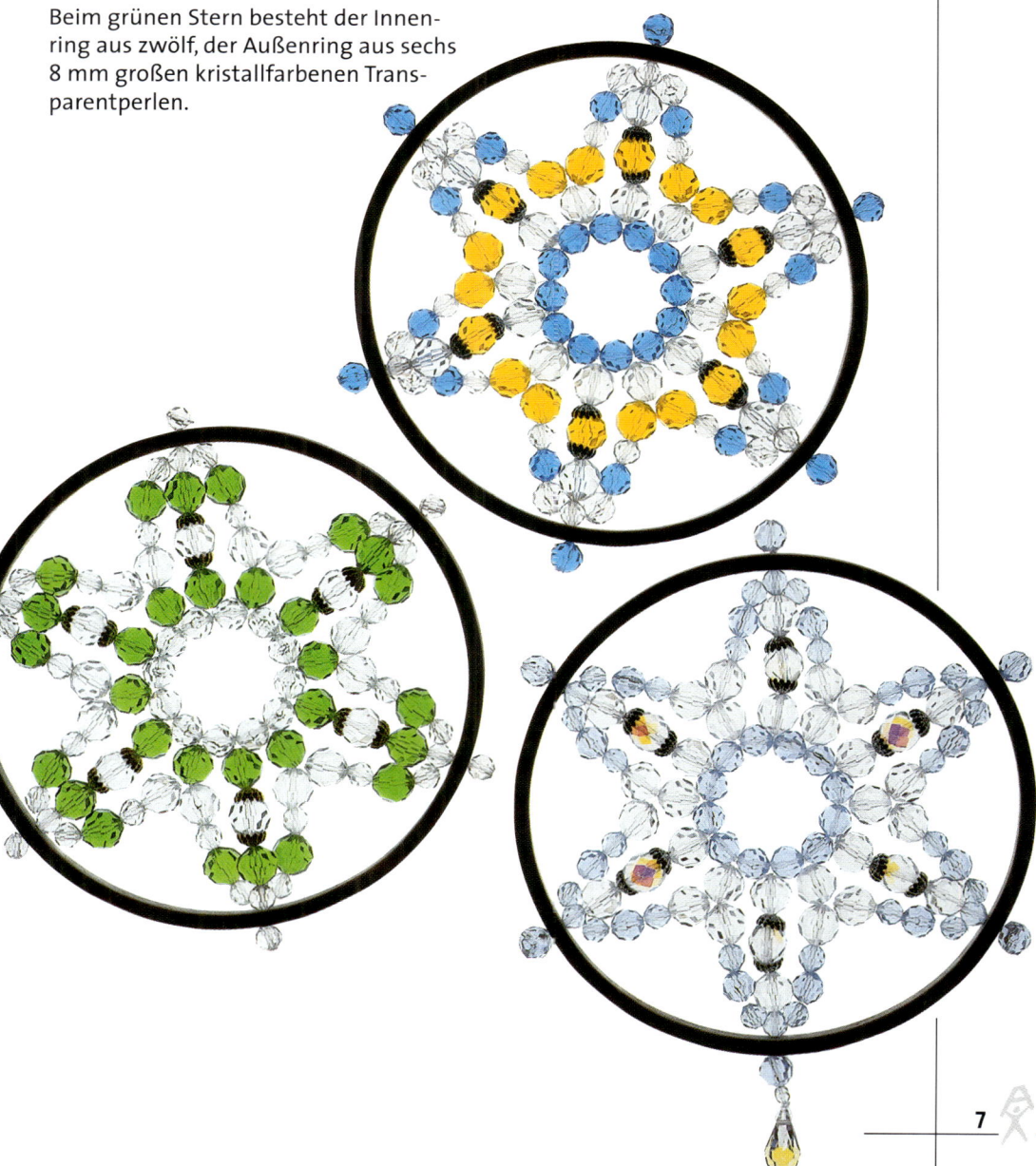

Sternenhimmel

Wenn Sie es gerne richtig üppig mögen, können Sie sich mit diesen Mandala-Sternen das Firmament in die Wohnung holen.

Das wird gebraucht

Silbergrüner Stern
Wachsperlen in Silber, 8 und 5 mm Ø
Wachsperlen in Grün, 8 und 5 mm Ø
Wachsperlen in Rot, 8 und 5 mm Ø
Wachsperlen in Braun, 8 mm Ø
Oliven in Silber, Grün und Rot, 5 mm
Perlkappen in Silber
4,5 m Dederonfaden, 0,25 mm Ø
Holzreif, 15 cm Ø

Rosagelber Stern
Wachsperlen in Rosa, 8 und 5 mm Ø
Wachsperlen in Gelb, 8 und 5 mm Ø
Wachsperlen in Altgold, 8 und 5 mm Ø
Oliven in Rosa, Gelb und Altgold, 5 mm
Perlkappen in Gold
4,5 m Dederonfaden, 0,25 mm Ø
Holzreif, 15 cm Ø

Goldvioletter Stern
Wachsperlen in Altgold, 8 und 5 mm Ø
Wachsperlen in Violett, 8 und 5 mm Ø
Wachsperlen in Hellblau, 8 und 5 mm Ø
Wachsperlen in Rosa, 8 mm Ø
Oliven in Altgold, Violett und Hellblau,
  5 mm
Perlkappen in Silber
4,5 m Dederonfaden, 0,25 mm Ø
Holzreif, 15 cm Ø

Silberblauer Stern
Wachsperlen in Silber, 8 und 5 mm Ø
Wachsperlen in Hellblau, 8 und 5 mm Ø
Wachsperlen in Dunkelblau,
  8 und 5 mm Ø
Oliven in Silber, Hell- und Dunkelblau,
  5 mm
Perlkappen in Silber
4,5 m Dederonfaden, 0,25 mm Ø
Holzreif, 15 cm Ø

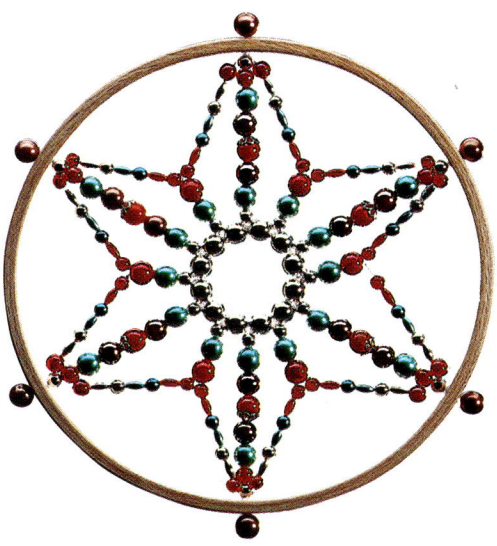

So wird's gemacht

Fertigen Sie alle vier Sterne nach der
Grundtechnik (Seite 4). Vergessen Sie
dabei jedoch die Perlkappen nicht.

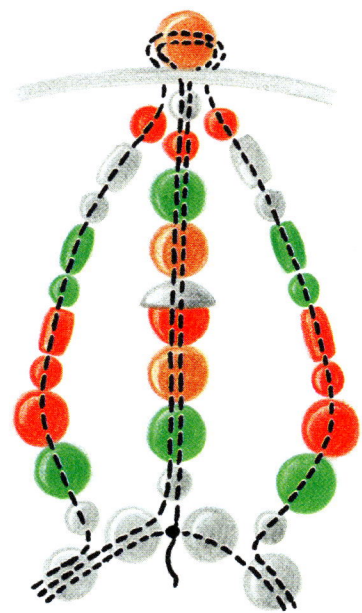

Ziehen Sie die unterschiedlich großen
Perlen wie auf der Illustration auf und
wählen Sie die Farben nach der Abbildung.

Innen- und Außenringe arbeiten Sie wie
folgt:
Der Innenring des silbergrünen Sterns
besteht aus zwölf großen silbernen, der
Außenring aus sechs braunen Wachsperlen.

Der rosagelbe Stern hat einen Innenring
aus zwölf großen und einen Außenring
aus sechs kleinen altgoldenen Wachsperlen. Auf dieselbe Weise werden die
Ringe für den goldvioletten Stern gestaltet.

Beim silberblauen Stern fädeln Sie für
den Innenring zwölf große, für den
Außenring sechs kleine silberne Wachsperlen auf.

Trikolore

Dieses Mandala wirkt beinahe wie ein Mobile. Die kräftigen Farben sind ein zusätzlicher Blickfang.

Das wird gebraucht

Plastikperlen in Rot, 8 und 6 mm Ø
Plastikperlen in Dunkelblau, 8 und
  6 mm Ø
Plastikperlen in Kristall, 10, 8 und
  6 mm Ø
3,5 m Dederonfaden, 0,25 mm Ø
Holzreif, 12 cm Ø

So wird's gemacht

Arbeiten Sie den Stern nach der Grundtechnik (Seite 4). Für den Innenring fädeln Sie nacheinander zwei kristallfarbene, zwei blaue und zwei rote Plastikperlen auf. Wiederholen Sie die Farbfolge ein zweites Mal. Der Außenring wird später in denselben Farben gearbeitet. Fädeln Sie jedoch dann jeweils nur eine Perle auf.

Ordnen Sie während der Fertigstellung die unterschiedlich großen Perlen wie auf der Abbildung an. Passen Sie auf, dass Sie beim Ausstechen zwischen den Perlen im Innenring auch wirklich zwischen der richtigen Perlenfarbe heraus kommen.

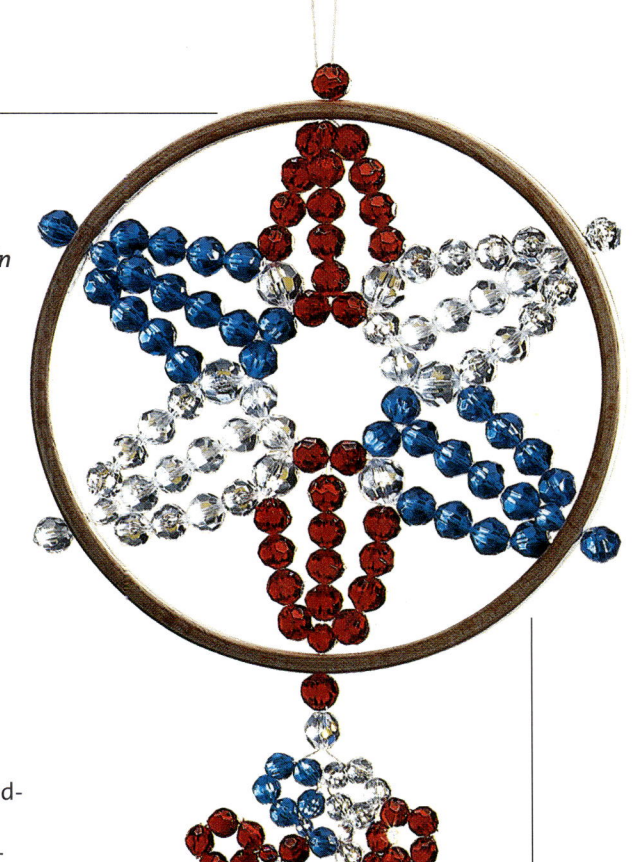

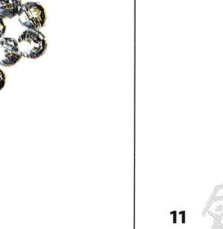

Sommerfreude

Dieses ländliche-maritime Mandala aus Holzperlen sieht besonders hübsch im Küchenfenster aus.

Das wird gebraucht

Roter Stern
runde Holzperlen in Rot,
  8 und 6 mm Ø
runde Holzperlen in Weiß,
  8 und 6 mm Ø
Walzenperlen in Rot,
  11 mm, 6 mm Ø
Würfelperlen in Rot, 8 x 8 mm
  und 4 x 4 mm
Würfelperlen in Weiß, 6 x 6 mm
kleine Glocke in Rot
4 m Dederonfaden, 0,3 mm Ø
Holzreif, 15 cm Ø
rote Lackfarbe

Blauer Stern
runde Holzperlen in Blau, 8 mm Ø
runde Holzperlen in Weiß,
  8 und 6 mm Ø
Walzenperlen in Blau,
  11 mm, 6 mm Ø
Würfelperlen in Blau, 8 x 8 mm
  und 4 x 4 mm
kleine Glocke in Weiß
4 m Dederonfaden, 0,3 mm Ø
Holzreif, 12 cm Ø
blaue Lackfarbe

So wird's gemacht

Streichen Sie den größeren Holzreif mit roter, den kleineren mit blauer Lackfarbe und lassen Sie diese völlig trocknen. Fädeln Sie für den roten Stern einen Innenkreis aus zwölf großen weißen Holzperlen auf. Arbeiten Sie dann in der Grundtechnik weiter und ziehen Sie die Perlen in den roten Holzreif ein. Orientieren Sie sich dabei an der Abbildung. Für den Außenring benötigen Sie sechs große weiße Holzperlen. Zum Schluss befestigen Sie die rote Glocke an der unteren Außenperle.

Fertigen Sie den etwas kleineren blauen Stern auf die gleiche Weise.

Castor und Pollux

Wer möchte, fertigt eines der beiden Mandalas in einem kleineren Holzreif und hängt es dann wie bei einem Mobile unter das größere.

Das wird gebraucht

Gelbes Mandala
Transparentperlen in Gelb, 10 mm Ø
Transparentperlen in Kristall,
  10 und 5 mm Ø
Transparentperlen in Rot, 5 mm Ø
Stiftperlen in Rot, 24 mm
4,5 m Dederonfaden 0,20 mm Ø
Holzreif, 15 cm Ø

So wird's gemacht

Die Arbeit erfolgt in der Grundtechnik (Seite 4). Den Innenring für das gelbe Mandala fertigen Sie aus zwölf gelben Transparentperlen. Fädeln Sie dann die restlichen Perlen nach Größe und Farbe wie auf der Abbildung auf. Der Außenring besteht aus sechs großen kristallfarbenen Transparentperlen.

Das grüne Mandala arbeiten Sie ebenso. Fädeln Sie jedoch einen Innenring aus zwölf großen grünen und einen Außenring aus sechs kristallfarbenen Transparentperlen.

Grünes Mandala
Transparentperlen in Grün,
  10 und 5 mm Ø
Transparentperlen in Kristall, 10 mm Ø
Stiftperlen in Silber, 24 mm
4,5 m Dederonfaden, 0,20 mm Ø
Holzreif, 15 cm Ø

Abendstern

Wenn Sie diesen Stern ins Fenster hängen, funkeln die roten Strahlen mit der Abendsonne um die Wette.

So wird's gemacht

Der Innenring für dieses Mandala besteht aus zwölf kleinen (6 mm Ø) kristallfarbenen, der Außenring aus sechs roten Transparentperlen. Die Perlen werden nach Größe und Farbe

Das wird gebraucht

Transparentperlen in Kristall,
  10, 8 und 6 mm Ø
Transparentperlen in Rot, 8 mm Ø
Schliffperlen in Rot, 5 mm Ø
Stiftperlen in Gold, 12 mm
3,5 m Dederonfaden, 0,25 mm Ø
Holzreif, 12 cm Ø

wie auf der Abbildung und nach der Grundtechnik (Seite 4) angeordnet.

Bunte Primeln

Mandala-Blüten in Pastelltönen passen zu jedem Ambiente.

Das wird gebraucht

Rosafarbene Blüte
Plastikperlen in Rosa, 10 mm Ø
Plastikperlen in Gelb, 10 und 8 mm Ø
Plastikperlen in Grün, 8 und 6 mm Ø
3,5 m Dederonfaden, 0,25 mm Ø
Holzreif, 15 cm Ø

Gelbe Blüte
Plastikperlen in Braun, 10 mm Ø
Plastikperlen in Gelb, 10 mm Ø
Plastikperlen in Grün, 8 und 6 mm Ø
3,5 m Dederonfaden, 0,25 mm Ø
Holzreif, 15 cm Ø

So wird's gemacht

Für den Innenkreis der rosafarbenen Blüte fädeln Sie zwölf große gelbe Plastikperlen auf. Ziehen Sie die restlichen Perlen wie auf der Abbildung auf und knüpfen Sie sie in den Holzreif. Der Außenring besteht aus sechs rosafarbenen Plastikperlen. Zum Schluss werden zwischen die äußeren gelben Perlen zusätzlich sechs 8 mm große gelbe Perlen mit einem Hilfsfaden versetzt eingezogen.

Die gelbe Blüte wird auf die gleiche Weise gefertigt. Es werden jedoch keine versetzten Perlen angeknüpft. Der Innenring besteht aus zwölf braunen, der Außenring aus sechs gelben Plastikperlen.

Weihnachtsstern

*Ein Klassiker in den Weihnachts-
farben Grün, Rot und Gold!*

So wird's gemacht

Arbeiten Sie das Mandala nach der
Grundtechnik (Seite 4). Der Innenring
besteht aus zwölf großen, der Außenring aus sechs kleinen Goldperlen. Vergessen Sie beim Aufziehen auch die
Perlkappen nicht. Die Farbgestaltung
entnehmen Sie der Abbildung. Hängen
Sie zum Schluss die beiden Metalltüten
an die untere Perle des Außenringes.

Das wird gebraucht

Filigrane Metallperlen in Gold, 14 mm Ø
Strassperlen in Rot, 14 mm Ø
Wachsperlen in Rot, 8 und 6 mm Ø
Wachsperlen in Braun, 8 und 6 mm Ø
Wachsperlen in Grün, 8 und 6 mm Ø
Goldperlen, 8 und 6 mm Ø
Perlkappen in Gold
Perlräder in Gold
2 filigrane Metalltüten in Gold
4,5 m Dederonfaden, 0,25 mm Ø
Holzreif, 18 cm Ø

Blauer Planet

Dieses Mandala wirkt auch in anderen Farben toll, wenn Sie es wie hier ganz Ton-in-Ton gestalten.

So wird's gemacht

Der Innenring dieses Sterns besteht aus zwölf großen dunkelblauen, der Außenring aus sechs großen hellblauen Plastikperlen. Die Perlen werden wie auf der Abbildung der Größe und Farbe nach angeordnet. Arbeiten Sie dabei nach der Grundtechnik (Seite 4).

Das wird gebraucht

Plastikperlen in Dunkelblau,
  10 und 8 mm Ø
Plastikperlen in Hellblau, 10 und 8 mm Ø
Plastikperlen in Aquablau,
  10, 8 und 6 mm Ø
4,5 m Dederonfaden, 0,25 mm Ø
Holzreif, 18 cm Ø

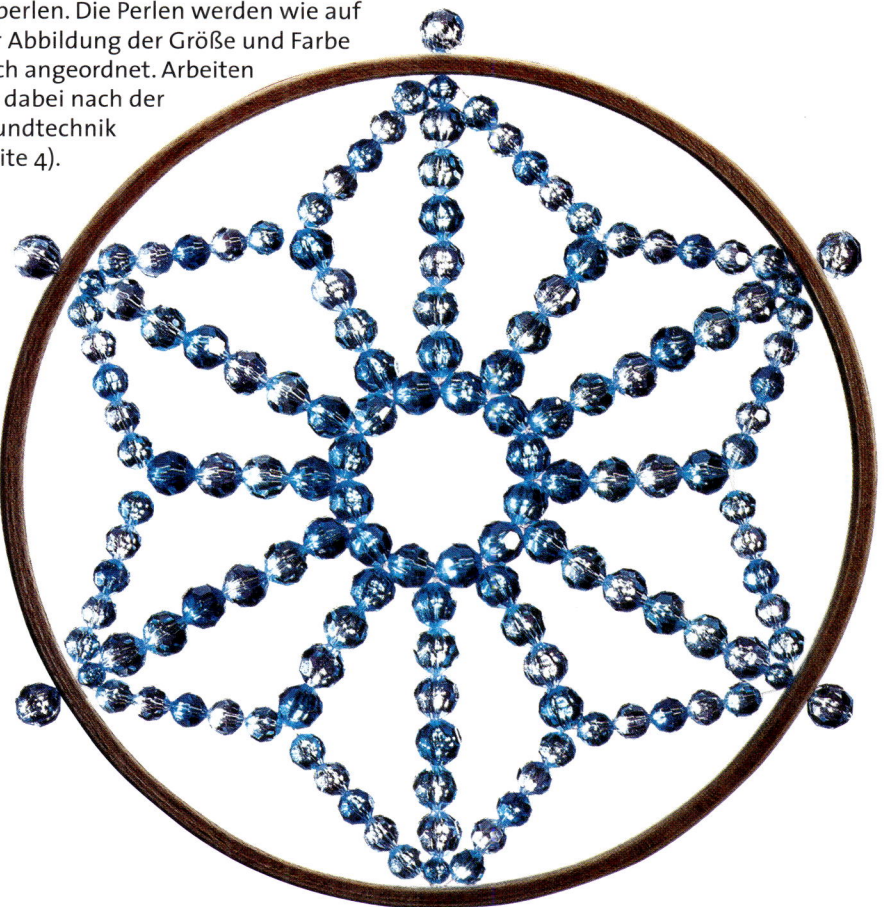

Las Vegas

*So ein leuchtend buntes Mobile zieht
alle Blicke auf sich.*

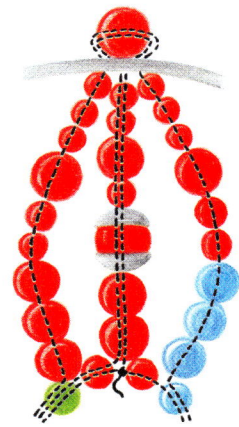

Das wird gebraucht

Plastikperlen in Dunkelblau,
  10, 8 und 6 mm Ø
Plastikperlen in Rot, 10, 8 und 6 mm Ø
Plastikperlen in Grün, 10, 8 und 6 mm Ø
Plastikperlen in Gelb, 10, 8 und 6 mm Ø
Plastikperlen in Braun, 10, 8 und 6 mm Ø
Plastikperlen in Rosa, 10, 8 und 6 mm Ø
Perlkappen in Silber
2 Strassperlen in Rot
3, 4 und 4,5 m Dederonfaden, 0,25 mm Ø
Holzreifen, 18, 15 und 12 cm Ø

Fertigen Sie die beiden anderen Sterne
auf die gleiche Weise. Der Innenring des
mittleren Sterns besteht aus je zwei
roten, dunkelblauen, braunen, rosafarbenen, gelben und grünen 8 mm
großen Perlen. Der Außenring wird
wieder mit je einer Perle in der Farbe
der Sternenzacke aus 8 mm großen
Perlen angefertigt.

So wird's gemacht

Die Arbeit erfolgt in der Grundtechnik
(Seite 4). Orientieren Sie sich dabei an
den Illustrationen und der Abbildung.
Achten Sie stets genau auf den Farb-
wechsel. Er erfolgt bei jedem zweiten
Zwischensteg innerhalb des Reifs. Vergessen Sie auch die Perlkappen nicht.

Für den großen Stern fädeln Sie einen
Innenring aus je zwei gelben, grünen,
roten, dunkelblauen, rosafarbenen und
braunen 8 mm großen Plastikperlen
auf. Für den Außenring verwenden Sie
je eine 8 mm große Perle. Wählen Sie
die Perlen so aus, dass sie dieselbe Farbe
wie die Sternenzacke hat.

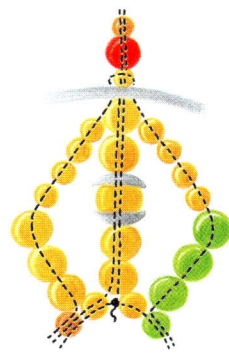

Der kleinste Stern hat einen Innenring
aus je zwei braunen, rosafarbenen,
dunkelblauen, roten, grünen und gelben Perlen (8 mm Ø). Für den Außenring

So wird's gemacht

Arbeiten Sie das Mandala nach der
Grundtechnik (Seite 4). Der Innenring
besteht aus zwölf 8 mm großen Wachs-
perlen, der Außenring aus sechs großen
Goldperlen. Auf der Illustration sehen
Sie, wie die restlichen Perlen und Wachs-
tropfen angeordnet werden. Vergessen
Sie nicht die Perlenkappen aufzufädeln.

brauchen Sie je eine 8 mm große Perle,
die wiederum der Farbe der Sternenzacke entspricht.

Wenn alle drei Sterne fertig sind, werden
Sie mit einer Strassperle über die untere
bzw. obere Außenringperle aneinander
geknüpft.

Christrose

*Die ganz in Weiß und Gold gehaltene
Mandala-Blüte verleiht einem weih-
nachtlich geschmückten Raum beson-
deren Glanz.*

Das wird gebraucht

Wachsperlen in Weiß, 14, 8 und 6 mm Ø
Wachstropfen in Weiß, 11 mm
Goldperlen, 8, 6 und 5 mm Ø
Perlkappen in Gold
4,5 m Dederonfaden, 0,25 mm Ø
Holzreif, 18 cm Ø

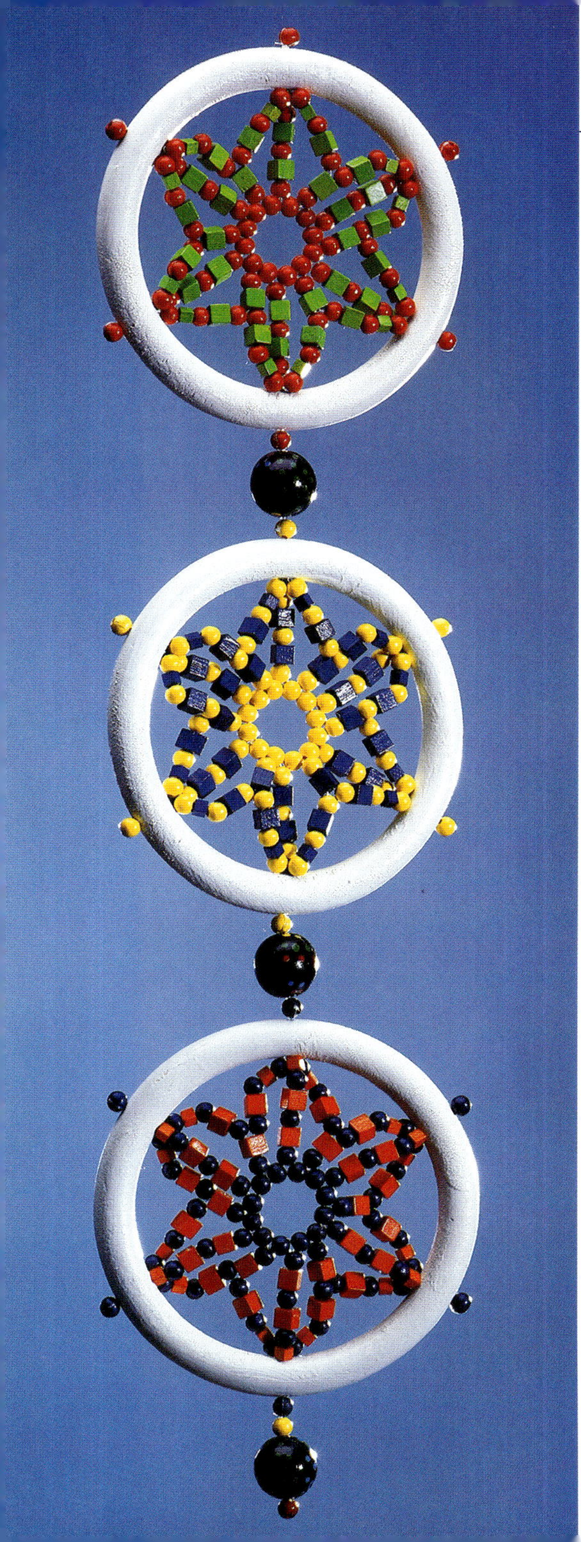

Glockenzug

*Wegen der Würfelperlen erscheinen
diese Mandalas besonders plastisch.*

Das wird gebraucht

3 bemalte Holzperlen, 18–20 mm Ø
runde Holzperlen in Rot, Gelb und
  Dunkelblau, 6 mm Ø
Würfelperlen in Blau, 6 x 6 mm
  und 4 x 4 mm (SMITS)
Würfelperlen in Grün, 6 x 6 mm
  und 4 x 4 mm (SMITS)
Würfelperlen in Orange, 6 x 6 mm
  und 4 x 4 mm (SMITS)
11,5 m Dederonfaden, 0,30 mm Ø
  (etwa 4 m pro Ring und Zwischenperle)
3 Holzreifen, 11 cm Ø
weiße Lackfarbe

So wird's gemacht

Die Holzreifen mit Lackfarbe weiß streichen und völlig trocknen lassen. Arbei-

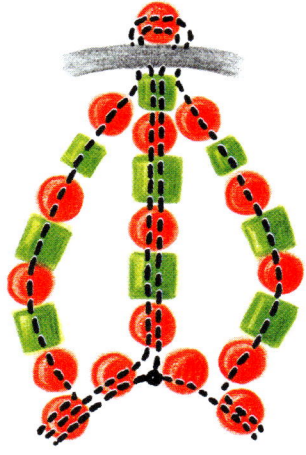

Leuchtmobile

ten Sie dann jeden der drei Sterne nach der Grundtechnik (Seite 4). Ordnen Sie die Perlen nach Größe und Farbe, wie Sie es auf der Illustration und der Abbildung sehen. Verwenden Sie für die Innenringe je zwölf, für den Außenring je sechs rote, gelbe oder blaue runde Holzperlen.

Wenn alle drei Sterne fertig sind, werden Sie miteinander verbunden. Dazu fädeln Sie jeweils eine bemalte Holzperle zwischen eine untere und obere Außenringperle; den Faden verknoten. Befestigen Sie außerdem an der Außenringperle des letzten Sterns nacheinander eine 6 mm große gelbe, eine bemalte und eine 6 mm große rote Holzperle.

Im Dunkeln sieht dieses Mobile noch schöner aus als bei Licht. Denn erst dann beginnt es geheimnisvoll zu leuchten.

Das wird gebraucht

Hamaleuchtperlen in Rot und Grün
bunte, fluoreszierende Perlen in passenden
 Farben
Goldperlen, 4 mm Ø
je 3,5 m Dederonfaden, 0,25 und 0,15 mm Ø
Messingdraht, 0,3 mm Ø
Plastikreif (Hama-DAN)
Acrylglasring

So wird's gemacht

Fertigen Sie zuerst in dem Plastikreif einen Stern in der Grundtechnik an (Seite 4). Für den Innenring benötigen Sie 12 bunte Hamaperlen. Ordnen Sie die einzelnen Farben ganz nach Ihrem persönlichen Geschmack. Anstelle des Außenrandes ziehen Sie den Dederonfaden am Ende jeder Sternenzacke stramm durch die Löcher im Plastikreif.

Für jede Rosette auf etwa 1 m Messingdraht acht Hamaperlen auffädeln und

die Drahtenden miteinander verdrillen; dabei an einem Ende etwa 10 cm hängen lassen. Auf das lange Drahtende eine bunte Perle, zwei Hamaperlen, eine Gold- oder Silberperle und nochmals zwei Hamaperlen auffädeln. Durch die erste der sechs Perlen zurückstechen und den Draht fest anziehen. Nun den Draht innerhalb des Mittelringes durch die nächste Perle schieben, wieder eine bunte Perle, zwei Hamaperlen, eine Gold- oder Silberperle und nochmals zwei Hamaperlen auffädeln und durch die erste der sechs Perlen zurückstechen. Auf diese Weise weiter arbeiten, bis acht Schlingen entstanden sind. Zuletzt beide Drähte miteinander verdrillen und abschneiden. Die Rosette mit dünnem Dederonfaden in unterschiedlicher Höhe am Plastikreif befestigen.

Für die Aufhängung sechs dünne Dederonfäden an den Plastikreif knoten und Hamaleuchtperlen auffädeln. Jedes Fadenende am Acrylglasring befestigen.

• Tipp •

Da beim Plastikreif der Halt durch die Außenperle fehlt, sollte jede Perlenspitze zum Schluss mit Dederonfaden gebündelt werden.

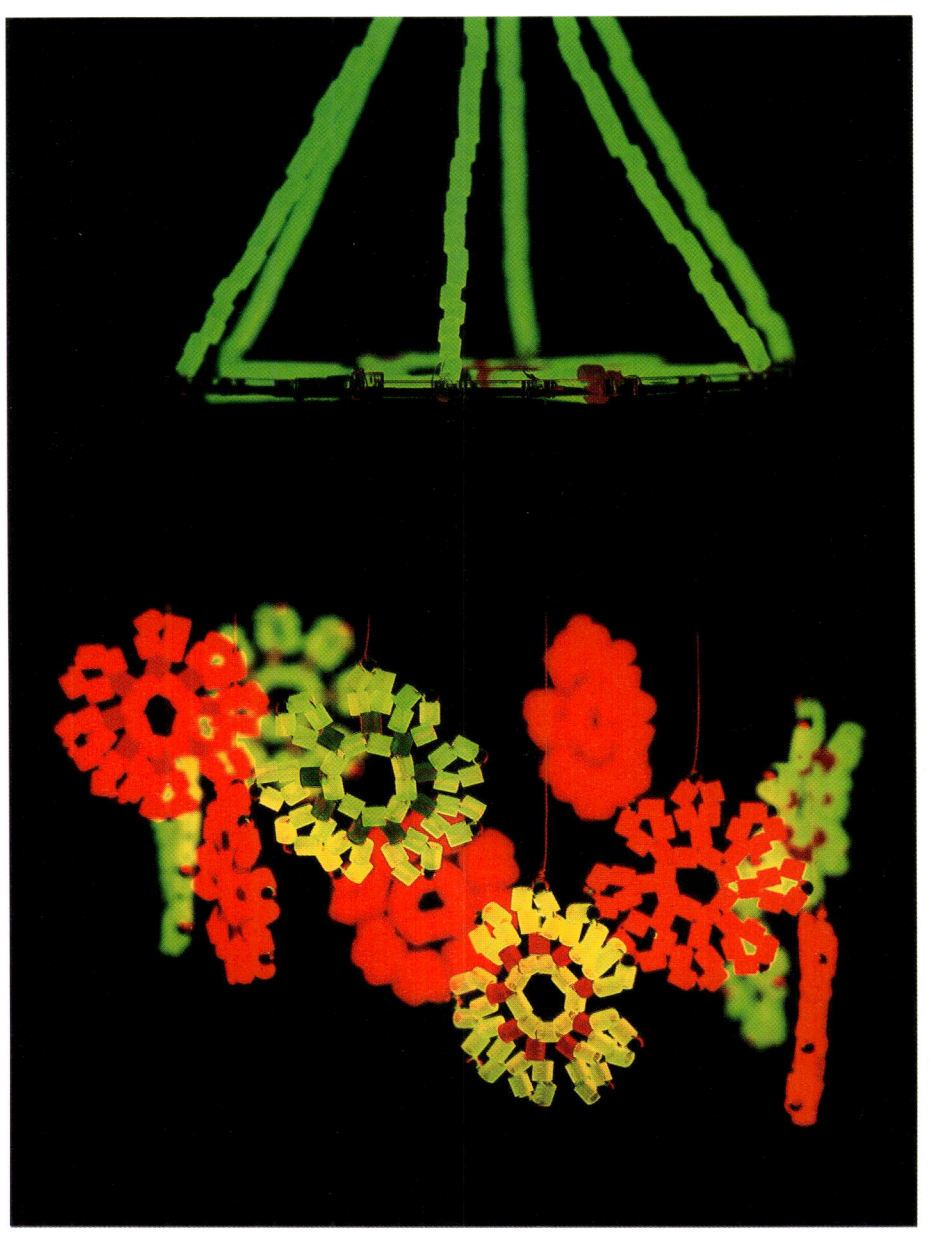

Kindertraum

Wenn Sie dieses Mobile vor ein kleines Fenster hängen, sieht es beinahe aus wie ein Vorhang.

Das wird gebraucht

runde Holzperlen in Grün, Beige, Rot, Lila, Dunkelblau und Weiß, 6 mm Ø
Würfelperlen in Weiß, Blau und Grün, 6 und 4 mm Ø
Würfelperlen in Beige, 6 mm Ø
Würfelperlen in Rot, 4 mm Ø
zylinderförmige Holzperlen in Gelb, Beige, Rot und Blau, 12 mm
Holzperlen in verschiedenen Größen und Farben
4 Schellen
11,5 m Dederonfaden, 0,30 mm Ø
4 Holzreifen, 11 cm Ø
1 Vorhangstange, 43 cm lang
4 passende Vorhangringe
8 m dünne Kordel
Lackfarbe in Blau, Gelb, Rot und Grün

So wird's gemacht

Streichen Sie je einen Holzreifen blau, gelb, rot und grün. Die Vorhangstange wird blau, die Kugeln an den Enden werden gelb lackiert. Alles gründlich trocknen lassen.

Arbeiten Sie dann nach der Grundtechnik (Seite 4) nacheinander die Mandalas in die vier Holzreifen. Für den blauen Reif fädeln Sie zwölf weiße Holzperlen für den Innenring und sechs weiße für den Außenring auf. Beim grünen Reif ver-

wenden Sie für den Innenring zwölf beigefarbene, für den Außenring sechs rote Holzperlen. Der rote Reif hat einen Innenring aus zwölf und einen Außenring aus sechs grünen Holzperlen. Innen- und Außenring des gelben Reifs bestehen aus zwölf bzw. sechs blauen Holzperlen. Die Illustration zeigt, in welcher Reihenfolge die verschiedenen Perlen aufgefädelt werden. Bei der farblichen Gestaltung richten Sie sich nach der Abbildung.

Wenn alle vier Mandalas fertig sind, fädeln Sie jeweils eine farblich passende Schelle auf und knüpfen Sie sie an die untere Außenringperle. Knoten Sie an der gegenüberliegenden Seite die Kordel an und fädeln Sie in beliebiger Folge Holzperlen auf; dabei jede Perle von beiden Seiten mit einem Knoten fixieren.

Zum Schluss befestigen Sie jede Kordel an einem Vorhangring und schieben diese auf die Vorhangstange. Zwei lange und eine kürzere Kordel zur Hälfte zusammenlegen und in den Ring einknüpfen. Die vier längeren Kordeln beidseitig an der Holzstange anknüpfen und an den Enden Perlen einarbeiten. Die beiden mittleren kürzeren Kordeln mit Schellen schmücken.

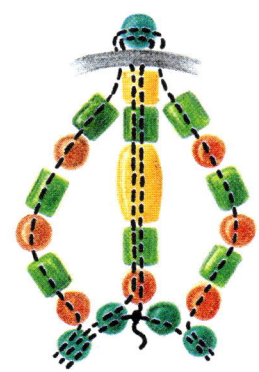

Karussell

Wie in fröhlichen Kindertagen drehen die bunten Perlen im leichten Wind ihre Kreise.

Das wird gebraucht

Bunte Hamaperlen
Goldperlen, 4 mm Ø
je 3,5 m Dederonfaden, 0,30 und 0,15 mm Ø
Messingdraht, 0,3 mm Ø
Plastikreif
Kordel

So wird's gemacht

Fertigen Sie zuerst in dem Plastikreif einen Stern in der Grundtechnik an (Seite 4). Für den Innenring fädeln Sie zwölf bunte Hamaperlen auf. Da der Stern keinen Außenring hat, ziehen Sie den Dederonfaden am Ende jeder Sternenzacke durch die Löcher im Plastikreif. Den Faden dabei stets fest anziehen.

Für jede Rosette acht Hamaperlen auf jeweils 1 m Messingdraht auffädeln. Einen Ring bilden und die Drahtenden fest umeinander drehen; an einem Ende etwa 10 cm hängen lassen. Auf das lange Drahtende drei Hamaperlen, eine Goldperle und wieder zwei Hamaperlen auffädeln. Durch die erste der sechs Perlen zurückstechen und den Draht fest anziehen. Nun den Draht innerhalb des Mittelringes durch die nächste Perle schieben, wieder sechs Perlen aufziehen

und den Faden durch die erste dieser Perlen zurückstechen. Auf diese Weise weiter arbeiten, bis acht Blütenschlingen entstanden sind. Die Drahtenden verschlingen und abschneiden. Die einzelnen Blätter der Rosette leicht auseinander biegen und mit dünnem Dederonfaden am Plastikreif befestigen.

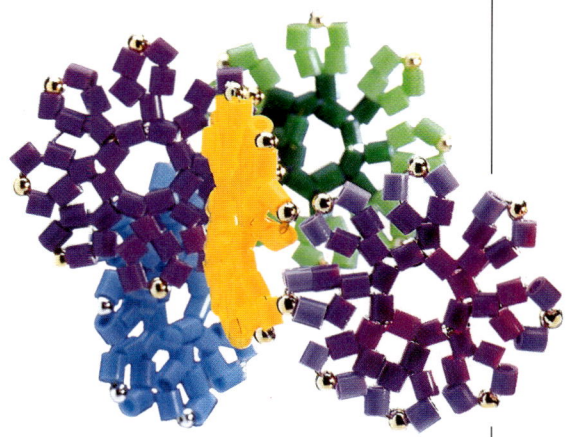

Bezugsquellen

»LA BELLA« Perlen und Pailletten
Christa und Ilona Eisenhut GbR
Hover Garten 22
53783 Eitorf-Hove

Hanna SMITS GmbH
Blinder Weg 4
46446 Emmerich

Hama-DAN-Import
Grevenmarschstr. 14
36636 Lemgo

Kreative Freizeit & Wohnen

Basteln & Dekorieren

Handwerken & künstlerisches Gestalten

Malen & Zeichnen

Handarbeiten

Einrichten & Wohnen

Kochen & Genießen

Food 'n' Fun

Internationale Küche

Früchte & Gemüse

Backfreuden & Desserts

AUGUSTUS

ss man haben

Gartenpr...
im Wande...
der Jahres...

Gartenge...

Zimmerpf...

Aufzucht & Pflege von Heimtieren

Garten & Heim...

...rbücher & Workshops
...geschrittene und Profis

...afen
...rträt
...weiß
...abor
...tion

Die Deutsche Bibliothek – CIP-Einheitsaufnahme

Perlen-Mandalas : Mobiles, Fensterbilder und Raumschmuck / Brigitte Kirschning. –
Augsburg : Augustus-Verl., 1999 (Ideenkiste : Basteln)
ISBN 3–8043–0694–2

Das Werk einschließlich aller seiner Teile ist urheberrechtlich geschützt. Jede Verwertung außerhalb des Urhebergesetzes ist ohne Zustimmung des Verlages unzulässig und strafbar. Das gilt insbesondere für Vervielfältigungen, Übersetzungen, Mikroverfilmungen und die Einspeicherung und Verarbeitung in elektronischen Systemen.

Die im Buch veröffentlichten Ratschläge wurden von Verfasserin und Verlag sorgfältig erarbeitet und geprüft. Eine Garantie kann dennoch nicht übernommen werden. Ebenso ist die Haftung der Verfasserin bzw. des Verlages und seiner Beauftragten für Personen-, Sach- und Vermögensschäden ausgeschlossen.

Jede gewerbliche Nutzung der Arbeiten und Entwürfe ist nur mit Genehmigung von Verfasserin und Verlag gestattet.

Fotografie: Klaus Lipa, Augsburg
Lektorat: Sylvie Hinderberger, München
Illustration: Claudia Wiedenroth, Niederstaufen
Umschlagkonzeption: Kontrapunkt, Kopenhagen
Umschlaglayout: Andreas Bernhard
Reihenkonzeption: Kontrapunkt, Kopenhagen
Layout: Anton Walter, Gundelfingen

AUGUSTUS VERLAG AUGSBURG 1999
© Weltbild Ratgeber Verlage GmbH & Co. KG.

Satz: Gesetzt aus 9,5 Punkt The Sans von DTP-Design Walter, Gundelfingen
Reproduktion: GAV Prepress, Gerstetten
Druck und Bindung: Offizin Andersen Nexö, Leipzig

Gedruckt auf 135 g umweltfreundlich chlorfrei gebleichtes Papier.

ISBN 3–8043–0694–2

Printed in Germany